Judith

und der kranke General

Nacherzählt von
Felicity Henderson

BRUNNEN VERLAG GIESSEN

Vor langer Zeit herrschte Krieg zwischen dem König von Aram und dem König von Israel.
Der König von Aram hatte in seinem Heer einen Hauptmann, den er sehr schätzte, weil er schon viele Schlachten gewonnen hatte. Er hieß Naaman.

Es kam vor, daß die Soldaten nach einer siegreichen Schlacht Gefangene nahmen. Eines Tages brachten sie auch ein israelitisches Mädchen mit. Naaman nahm das Mädchen – wir nennen sie Judith – mit nach Hause zu seiner Familie.

In dem großen Haus gab es immer viel zu tun: Putzen, waschen, kochen, Holz sammeln...
Naamans Familie behandelte Judith gut, aber wenn sie an ihre Eltern und Geschwister in Israel dachte, wurde sie jedesmal sehr traurig. Aber sie wußte, daß Gott auch hier in der Fremde bei ihr war und sie nicht vergessen hatte.

Naaman und seine Frau waren sehr froh, daß sie eine solch tüchtige Hilfe im Haus hatten.

Eines Tages sah Judith, daß Naamans Frau weinte.
„Was ist passiert?" fragte sie erschrokken.
„Ach", seufzte Naamans Frau. „Was sollen wir tun? Naaman ist reich und berühmt, aber er..." Wieder brach sie in Tränen aus.

Auch Naaman wirkte verstört. Er war krank. Irgend etwas stimmte nicht mit seiner Haut. Überall kamen weiße Flecken zum Vorschein. Kein Mittel half dagegen.
Naaman hatte schon alle Ärzte im Land aufgesucht, sie hatten ihm Salben und Puder verschrieben und besondere Nahrung verordnet – aber statt besser wurde es immer schlimmer.

Wenn die Leute im Dorf Naaman sahen, rannten sie schnell weg. „Wir wollen uns nicht anstecken!" riefen sie. Auch der König entließ ihn aus seiner Armee.

Naaman war verzweifelt. „Was soll ich noch tun? Wer kann mir helfen?" fragte er.

Judith dachte nach. Naaman tat ihr leid. Und plötzlich fiel ihr etwas ein:

„Mein Herr, ich kenne jemanden, der dir vielleicht helfen kann. Er heißt Elisa und lebt in Israel. Er kann Gott bitten, dich gesund zu machen."

Sofort ging Naaman zu seinem König und bat ihn, nach Israel reisen zu dürfen.
„Geh nur“, ermunterte ihn der König, „und nimm diesen Brief von mir und einige Geschenke aus Gold und Silber mit.“
Da machte sich Naaman auf die Reise.

Einige Tage später kam er vor dem Haus an, wo Elisa wohnte. Aber welche Enttäuschung! Elisa bat Naaman gar nicht erst in sein Haus herein.

Stattdessen schickte er einen Diener
hinaus, der Naaman ausrichtete:
„Geh und wasch dich siebenmal im
Fluß, im Jordan.“

Naaman war wütend.
„Jetzt habe ich eine so weite Reise unternommen, und du sagst mir einfach, ich soll mich siebenmal im Fluß waschen", schrie er. „Als ob wir keine Flüsse zu Hause hätten!"
Aber seine Männer überredeten ihn.

Ein-, zwei-, drei-, vier-, fünf-, sechsmal tauchte Naaman im Fluß unter. Als er beim siebten Mal wieder auftauchte – waren die Flecken verschwunden!

„Ich bin gesund!“ rief Naaman begeistert und begann vor Freude zu tanzen.

Dann eilte er zu Elisa, um ihn zu belohnen.
„Ich will nichts von dir haben", wehrte Elisa ab. „Danke Gott, daß er dich gesund gemacht hat."

Naaman staunte. Gott hatte ihm geholfen, obwohl er sich früher gar nicht um Gott gekümmert hatte.

Judith konnte es gar nicht erwarten, daß Naaman endlich nach Hause kam.

„Du hattest recht", sagte Naaman ihr.
„Gott hat mir geholfen."
„Ich freue mich so!" rief das Mädchen
und sprang vor Freude in die Luft.
„Siehst du, Gott liebt alle Menschen!"

Titel der englischen Originalausgabe:
„The little Servant Girl"

Aus dem Englischen von Eva-Maria Busch

ISBN 3-7655-5543-6